AF189284

Impressum
Verlag: BABADADA GmbH, Nedderfeld 112 , 22529 Hamburg
Geschäftsführer / Verlagsleitung: Harald Hof
Druck: Books on Demand GmbH, In de Tarpen 42, 22848 Norderstedt

Imprint
Publisher: BABADADA GmbH, Nedderfeld 112 , 22529 Hamburg, Germany
Managing Director / Publishing direction: Harald Hof
Print: Books on Demand GmbH, In de Tarpen 42, 22848 Norderstedt, Germany

Šola

школа

Razred
классная комната

Deljenje
делить

186/2

Tabla
доска

Šolsko dvorišče
школьный двор

Učitelj
учитель

Papir
бумага

Pisati
писать

Pisalo
ручка

Pisalna miza
письменный стол

Ravnilo
линейка

Knjiga
книга

Učenec
ученик

Šolska torba

ранец

Peresnica

пенал

Svinčnik

карандаш

Šilček

точилка

Radirka

ластик

Risalni blok

альбом для рисования

Risba

рисунок

Čopič

кисточка

Vodene barvice

коробка красок

Škarje

ножницы

Lepilo

клей

Zvezek

тетрадь

Domača naloga

домашняя работа

Število

цифра

Seštevanje

прибавлять

Odštevanje

вычитать

Množenje

умножать

Računanje

считать

Črka

буква

Abeceda

алфавит

Beseda

слово

Besedilo

текст

Brati

читать

Kreda

мел

Učna ura

урок

Redovalnica

классный журнал

Preizkus znanja

экзамен

Spričevalo

диплом

Šolska uniforma

школьная форма

Izobrazba

образование

Enciklopedija

энциклопедия

Univerza

университет

Mikroskop

микроскоп

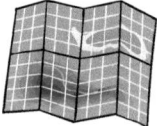

Zemljevid

карта

Koš za smeti

корзина для бумаг

Potovanje

путешествие

Hotel
гостиница
Grand
Hostel
турбаза
ROOMS
Menjalnica
пункт обмена валюты
EXCHANGE
Kovček
чемодан
Avtomobil
автомобиль

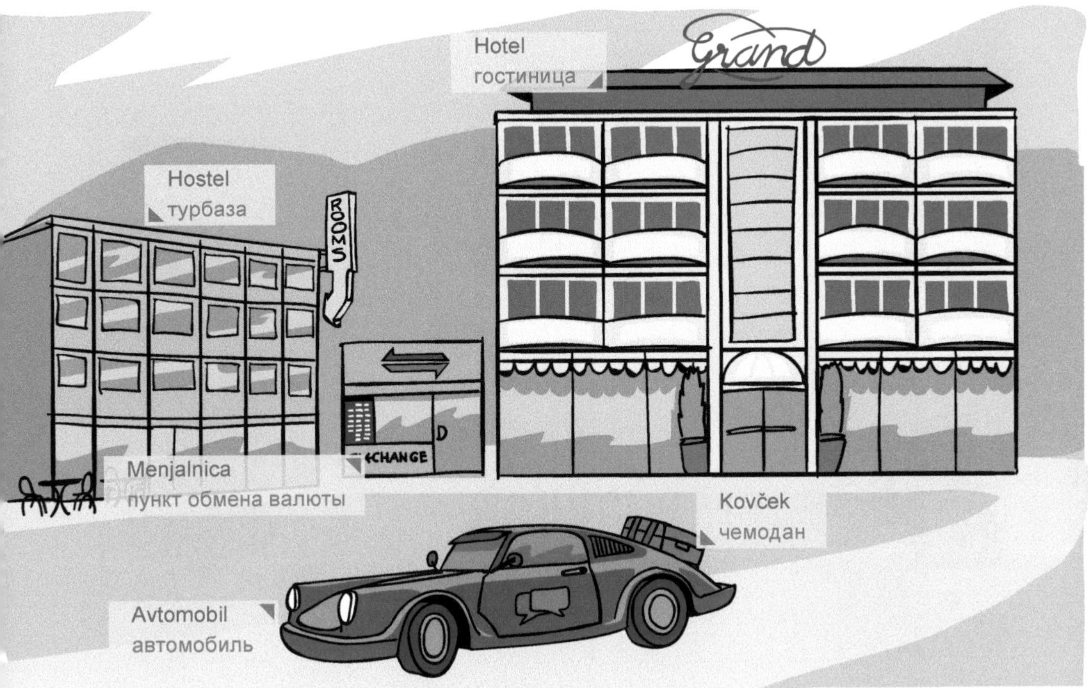

Jezik

язык

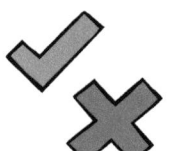

da / ne

да / нет

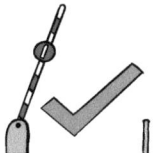

Prav

хорошо

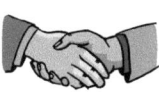

Pozdravljeni

Привет

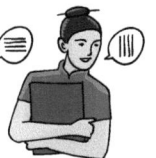

Prevajalec

переводчик

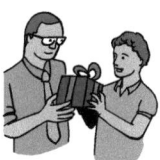

Hvala

Спасибо

Koliko stane…?

Сколько стоит…?

Ne razumem

Я не понимаю

Težava

проблема

Dober večer!

Добрый вечер!

Dobro jutro!

Доброе утро!

Lahko noč!

Доброй ночи!

Nasvidenje

До свидания

Smer

направление

Prtljaga

багаж

Torba

сумка

Nahrbtnik

рюкзак

Gost

гость

Soba

комната

Spalna vreča

спальный мешок

Šotor

палатка

Turistične informacije

туристическая информация

Plaža

пляж

Kreditna kartica

кредитная карточка

Zajtrk

завтрак

Kosilo

обед

Večerja

ужин

Vozovnica

билет

Dvigalo

лифт

Znamka

почтовая марка

Meja

граница

Carina

таможня

Veleposlaništvo

посольство

Vizum

виза

Potni list

паспорт

Prevoz

транспорт

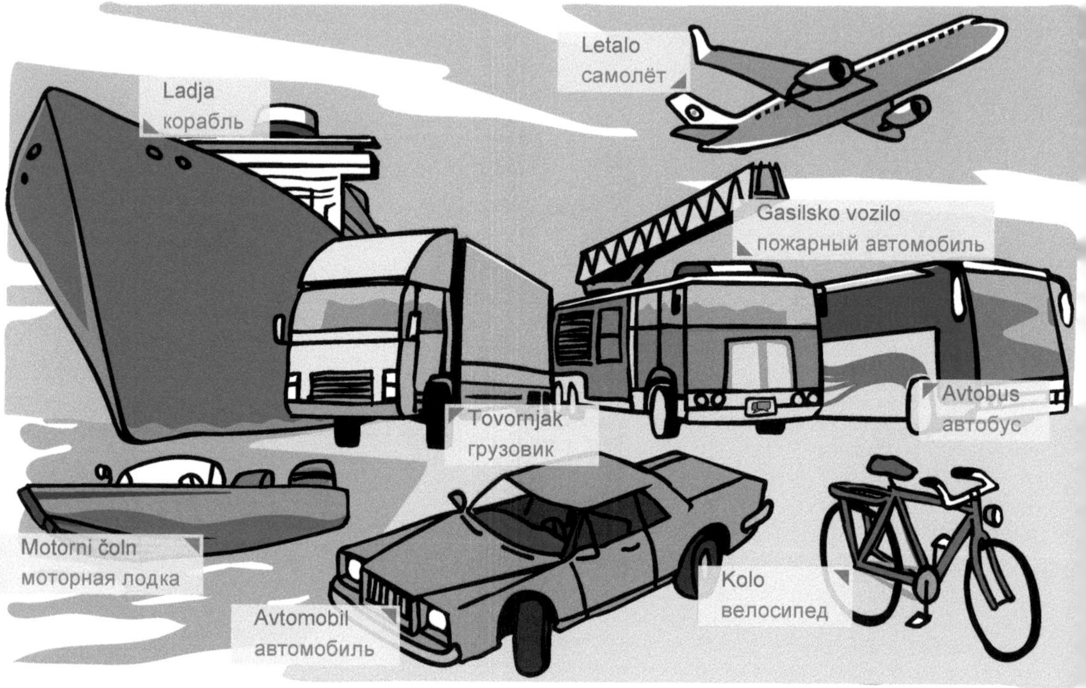
Letalo
самолёт
Ladja
корабль
Gasilsko vozilo
пожарный автомобиль
Avtobus
автобус
Tovornjak
грузовик
Motorni čoln
моторная лодка
Kolo
велосипед
Avtomobil
автомобиль

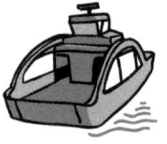

Trajekt

паром

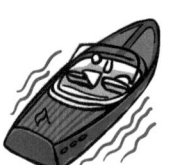

Čoln

лодка

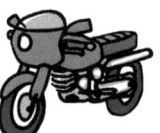

Motorno kolo

мотоцикл

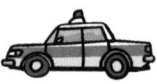

Policijski avto

полицейский автомобиль

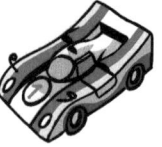

Dirkalni avto

гоночный автомобиль

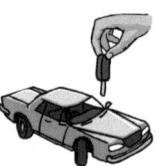

Najeto vozilo

арендованный автомобиль

Souporaba avtomobila

совместное пользование
автомобилями

Avtovleka

буксировочный
автомобиль

Smetarsko vozilo

мусоровоз

Motor

двигатель

Gorivo

топливо

Bencinska postaja

заправка

Prometni znak

дорожный знак

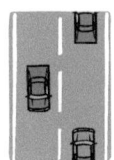

Promet

движение

Zastoj

пробка

Parkirišče

автостоянка

Železniška postaja

вокзал

Tirnice

рельсы

Vlak

поезд

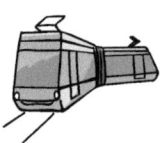

Tramvaj

трамвай

Vagon

вагон

Helikopter

вертолёт

Letališče

аэропорт

Stolp

вышка

Potnik

пассажир

Kontejner

контейнер

Karton

коробка

Voziček

тележка

Košara

корзина

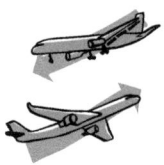

vzleteti / pristati

взлетать / приземляться

Mesto

город

Vas

деревня

Mestno jedro

центр города

Hiša

дом

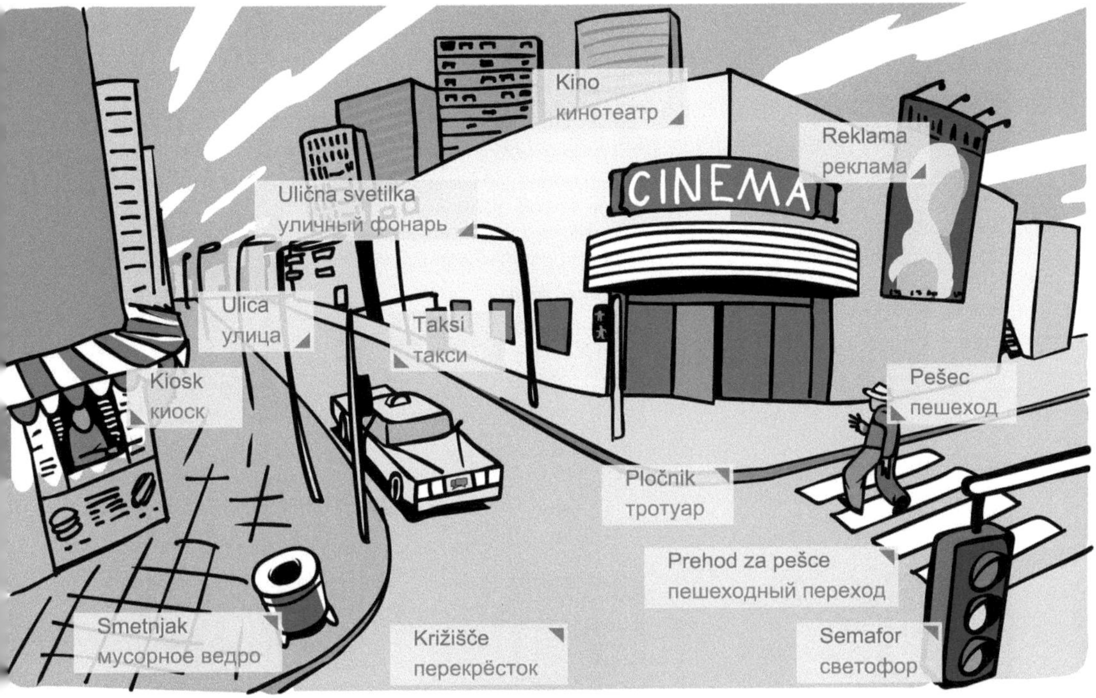

Kino
кинотеатр

Reklama
реклама

Ulična svetilka
уличный фонарь

CINEMA

Ulica
улица

Taksi
такси

Pešec
пешеход

Kiosk
киоск

Pločnik
тротуар

Prehod za pešce
пешеходный переход

Smetnjak
мусорное ведро

Križišče
перекрёсток

Semafor
светофор

Koča

хижина

Stanovanje

квартира

Železniška postaja

вокзал

Mestna hiša

ратуша

Muzej

музей

Šola

школа

Univerza

университет

Banka

банк

Bolnišnica

больница

Hotel

гостиница

Lekarna

аптека

Pisarna

офис

Knjigarna

книжный магазин

Trgovina

магазин

Cvetličarna

цветочный магазин

Supermarket

супермаркет

Tržnica

рынок

Veleblagovnica

универмаг

Ribarnica

торговец рыбой

Nakupovalno središče

торговый центр

Pristanišče

порт

Park
················
парк

Klop
················
скамейка

Most
················
мост

Stopnice
················
лестница

Podzemna železnica
················
метро

Predor
················
тоннель

Avtobusno postajališče
················
автобусная остановка

Bar
················
бар

Restavracija
················
ресторан

Poštni nabiralnik
················
почтовый ящик

Ulična tabla
················
табличка с названием
улицы

Parkirna ura
················
паркометр

Živalski vrt
················
зоопарк

Kopališče
················
бассейн

Mošeja
················
мечеть

Kmetija

ферма

Onesnaževanje

загрязнение окружающей среды

Pokopališče

кладбище

Cerkev

церковь

Otroško igrišče

детская площадка

Tempelj

храм

Pokrajina
ландшафт

List
лист

Kažipot
дорожный указатель

Pot
дорога

Travnik
луг

Kamen
камень

Drevo
дерево

Pohodnik
путешественник

Reka
река

Trava
трава

Cvetlica
цветок

Dolina

долина

Hrib

гора

Jezero

озеро

Gozd

лес

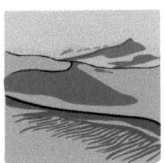

Puščava

пустыня

Vulkan

вулкан

Grad

замок

Mavrica

радуга

Goba

гриб

Palma

пальма

Komar

комар

Muha

муха

Mravlja

муравей

Čebela

пчела

Pajek

паук

Hrošč

жук

Žaba

лягушка

Veverica

белка

Jež

еж

Zajec

заяц

Sova

сова

Ptič

птица

Labod

лебедь

Divji prašič

кабан

Jelen

олень

Los

лось

Jez

плотина

Vetrnica

ветряной генератор

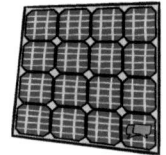

Solarna plošča

солнечная батарея

Podnebje

климат

Restavracija

ресторан

Natakar
официант
Jedilnik
меню
Stol
стул
Juha
суп
Pica
пицца
Pribor
столовые приборы
Prt
скатерть

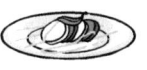

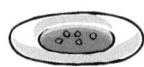

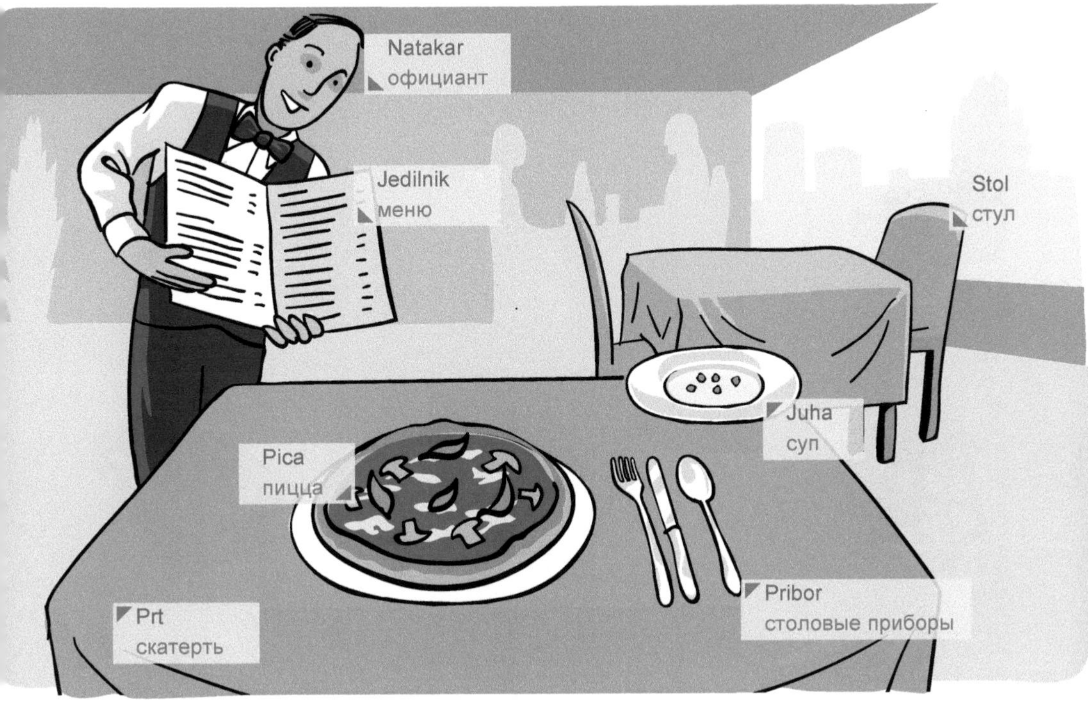

Predjed

закуска

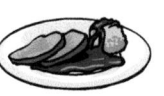

Glavna jed

главное блюдо

Sladica

десерт

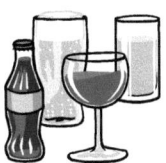

Pijače

напитки

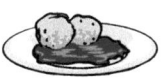

Hrana

еда

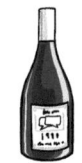

Steklenica

бутылка

Hitra hrana

фастфуд

Ulična hrana

уличная еда

Čajnik

чайник

Sladkornica

сахарница

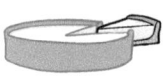

Porcija

порция

Aparat za espresso

кофеварка

Stolček za hranjenje

детский стульчик

Račun

счет

Pladenj

поднос

Nož

нож

Vilica

вилка

Žlica

ложка

Čajna žlička

чайная ложка

Servieta

салфетка

Kozarec

стакан

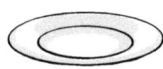

Krožnik

тарелка

Globoki krožnik

суповая тарелка

Krožniček

блюдце

Omaka

соус

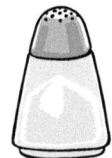

Solnica

солонка

Mlinček za poper

мельница для перца

Kis

уксус

Olje

масло

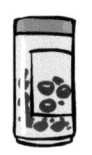

Začimbe

специи

Kečap

кетчуп

Gorčica

горчица

Majoneza

майонез

Supermarket

супермаркет

Posebna ponudba
специальное предложение
FOR
Stranka
покупатель
Mlečni izdelki
молочные продукты
Sadje
фрукты
Nakupovalni voziček
тележка для покупок

BUTCHERS

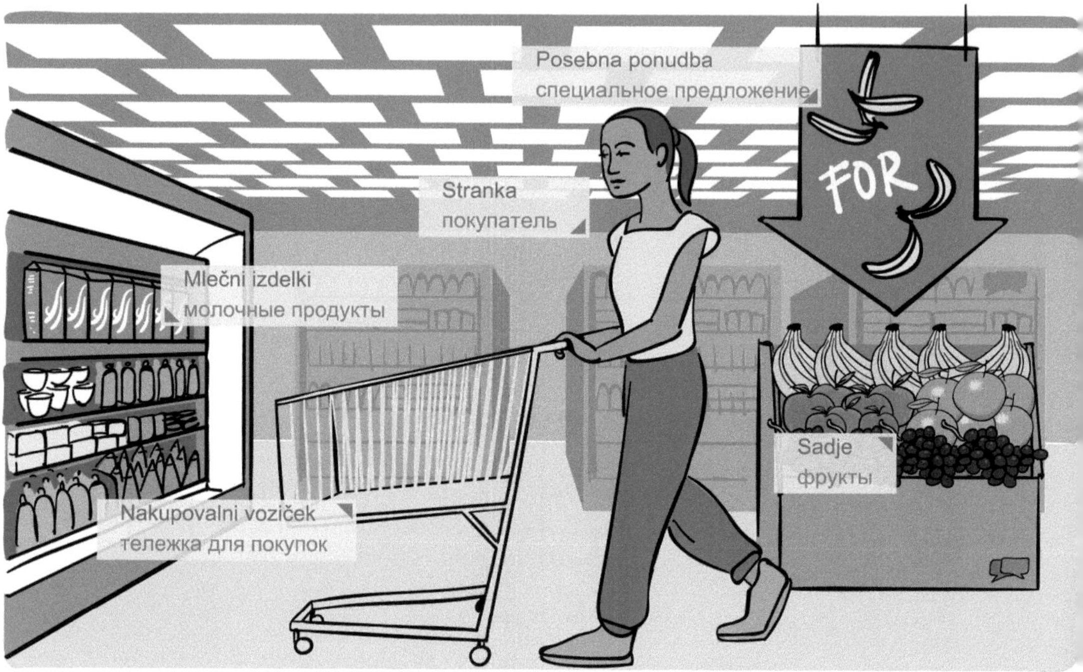

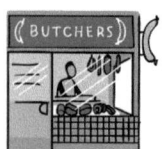

Mesnica

мясной магазин

BAKERY

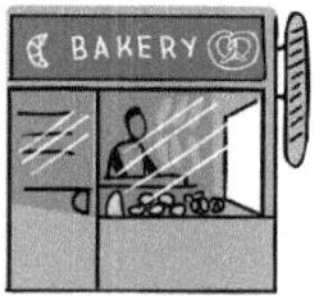

Pekarna

пекарня

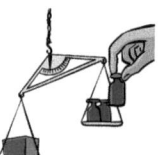

Tehtati

взвешивать

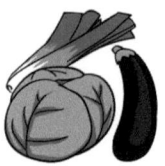

Zelenjava

овощи

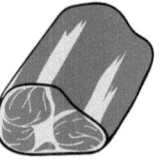

Meso

мясо

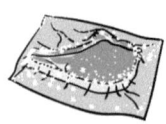

Zamrznjena hrana

быстрозамороженные продукты

Hladne mesnine

нарезка

Konzerve

консервы

Pralni prašek

стиральный порошок

Sladkarije

сладости

Gospodinjski izdelki

предмет домашнего обихода

Čistilno sredstvo

моющее средство

Prodajalka

продавщица

Blagajna

касса

Blagajnik

кассир

Nakupovalni seznam

список покупок

Delovni čas

время работы

Denarnica

бумажник

Kreditna kartica

кредитная карточка

Torba

сумка

Plastična vrečka

полиэтиленовый пакет

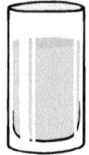

Voda

вода

Sok

сок

Mleko

молоко

Kola

кока-кола

Vino

вино

Pivo

пиво

Alkohol

алкоголь

Kakav

какао

Čaj

чай

Kava

кофе

Espresso

эспрессо

Kapučino

капучино

Banana

банан

Jabolko

яблоко

Pomaranča

апельсин

Lubenica

арбуз

Limona

лимон

Korenje

морковь

Česen

чеснок

Bambus

бамбук

Čebula

лук

Goba

гриб

Oreščki

орехи

Rezanci

лапша

Špageti

спагетти

Riž

рис

Solata

салат

Ocvrt krompirček

картофель фри

Pečen krompir

жареный картофель

Pica

пицца

Hamburger

гамбургер

Sendvič

сэндвич

Zrezek

шницель

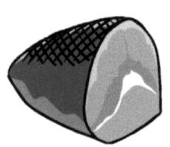

Šunka

ветчина

Salama

салями

Klobasa

колбаса

Piščanec

курица

Pečenka

жаркое

Riba

рыба

Ovseni kosmiči

овсяные хлопья

Musli

мюсли

Koruzni kosmiči

кукурузные хлопья

Moka

мука

Rogljiček

круассан

Žemlja

булочка

Kruh

хлеб

Prepečenec

тост

Piškoti

печенье

Maslo

масло

Skuta

творог

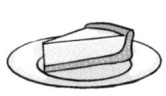

Torta

пирог

Jajce

яйцо

Pečeno jajce na oko

яичница

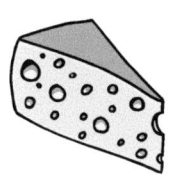

Sir

сыр

Sladoled

мороженое

Sladkor

сахар

Med

мёд

Marmelada

мармелад

Čokoladni namaz

крем с нугой

Kari

карри

Kmetija

ферма

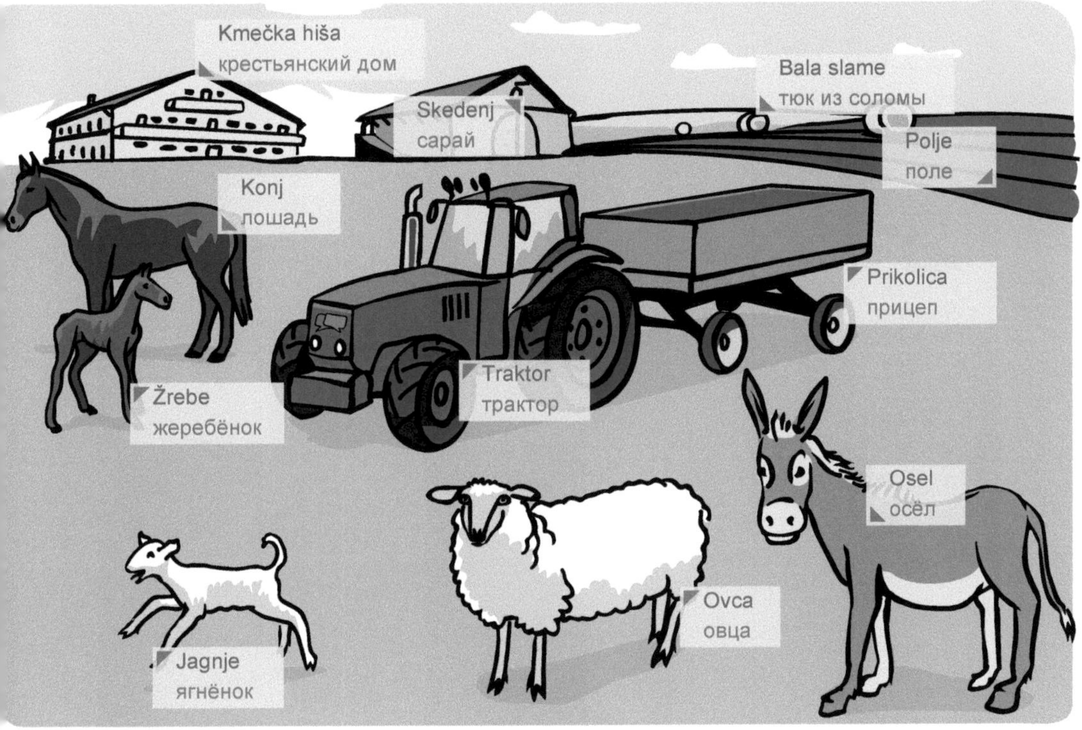
Kmečka hiša
крестьянский дом
Bala slame
тюк из соломы
Skedenj
сарай
Polje
поле
Konj
лошадь
Prikolica
прицеп
Traktor
трактор
Žrebe
жеребёнок
Osel
осёл
Ovca
овца
Jagnje
ягнёнок

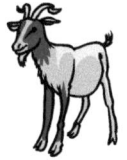

Koza

коза

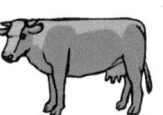

Krava

корова

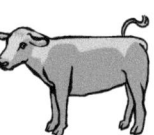

Tele

телёнок

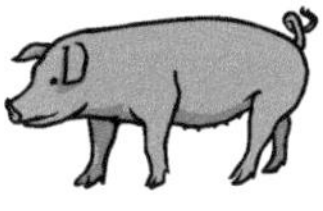

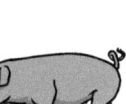

Prašič

свинья

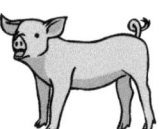

Pujsek

поросёнок

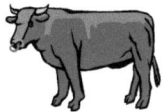

Bik

бык

Gos

гусь

Raca

утка

Piščanec

цыплёнок

Kokoš

курица

Petelin

петух

Podgana

крыса

Mačka

кошка

Miš

мышь

Vol

вол

Pes

собака

Pasja uta

конура

Cev za zalivanje

садовый шланг

Kangla za zalivanje

лейка

Kosa

коса

Plug

плуг

Srp

серп

Motika

мотыга

Vile

навозные вилы

Sekira

топор

Samokolnica

тачка

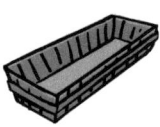

Korito

корыто

Kangla za mleko

бидон для молока

Vreča

мешок

Ograja

забор

Hlev

хлев

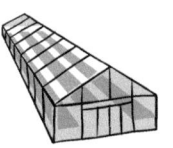

Rastlinjak

теплица

Prst

почва

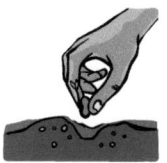

Seme

посев

Gnojilo

удобрение

Kombajn

комбайн

Kmetija - ферма

Žeti

собирать урожай

Žetev

урожай

Jam

ямс

Pšenica

пшеница

Soja

соя

Krompir

картофель

Koruza

кукуруза

Oljna ogrščica

рапс

Sadno drevo

фруктовое дерево

Maniok

маниок

Žito

злаки

Hiša

дом

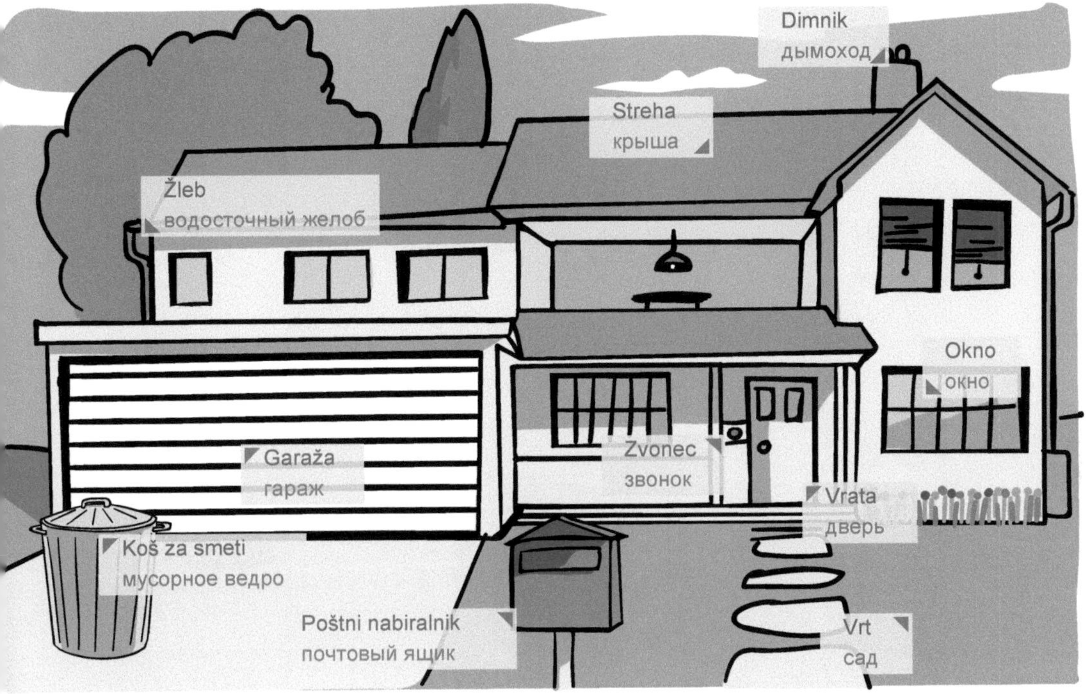

Dimnik
дымоход
Streha
крыша
Žleb
водосточный желоб
Okno
окно
Zvonec
звонок
Garaža
гараж
Vrata
дверь
Koš za smeti
мусорное ведро
Poštni nabiralnik
почтовый ящик
Vrt
сад

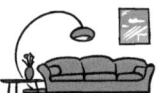

Dnevna soba

гостиная

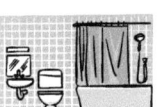

Kopalnica

ванная комната

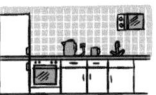

Kuhinja

кухня

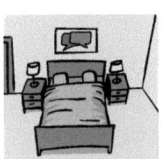

Spalnica

спальня

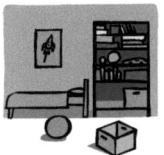

Otroška soba

детская комната

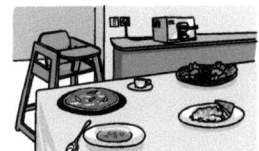

Jedilnica

столовая

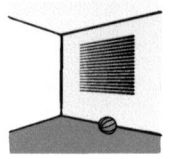

Tla

пол

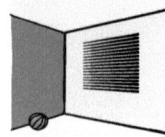

Stena

стена

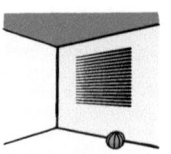

Strop

потолок

Klet

подвал

Savna

сауна

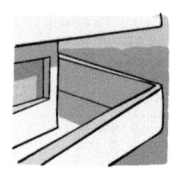

Balkon

балкон

Terasa

терраса

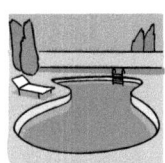

Bazen

бассейн

Kosilnica

газонокосилка

Rjuha

пододеяльник

Posteljno pregrinjalo

покрывало

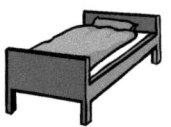

Postelja

кровать

Metla

метла

Vedro

ведро

Stikalo

выключатель

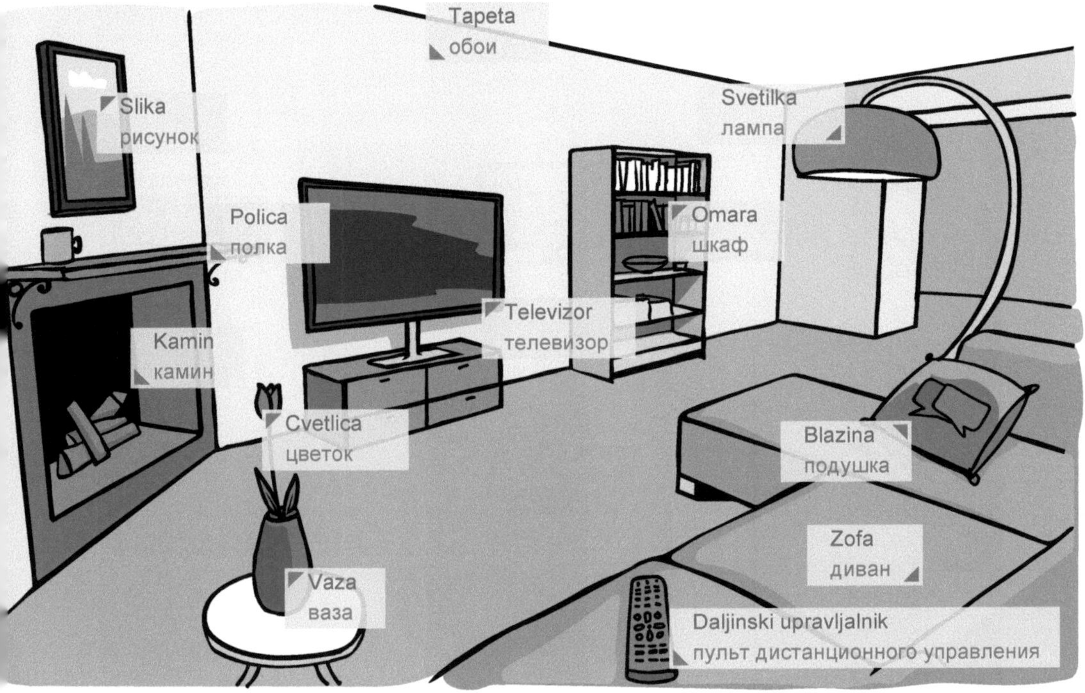

Tapeta
обои

Slika
рисунок

Svetilka
лампа

Polica
полка

Omara
шкаф

Televizor
телевизор

Kamin
камин

Cvetlica
цветок

Blazina
подушка

Zofa
диван

Vaza
ваза

Daljinski upravljalnik
пульт дистанционного управления

Preproga
ковёр

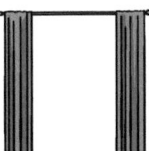

Zavesa
штора

Miza
стол

Stol
стул

Gugalnik
кресло-качалка

Naslanjač
кресло

Knjiga

книга

Odeja

покрывало

Dekoracija

украшение

Drva

дрова

Film

фильм

Glasbeni stolp

стереосистема

Ključ

ключ

Časopis

газета

Slika

картина

Plakat

плакат

Radio

радио

Beležka

блокнот

Sesalnik

пылесос

Kaktus

кактус

Sveča

свеча

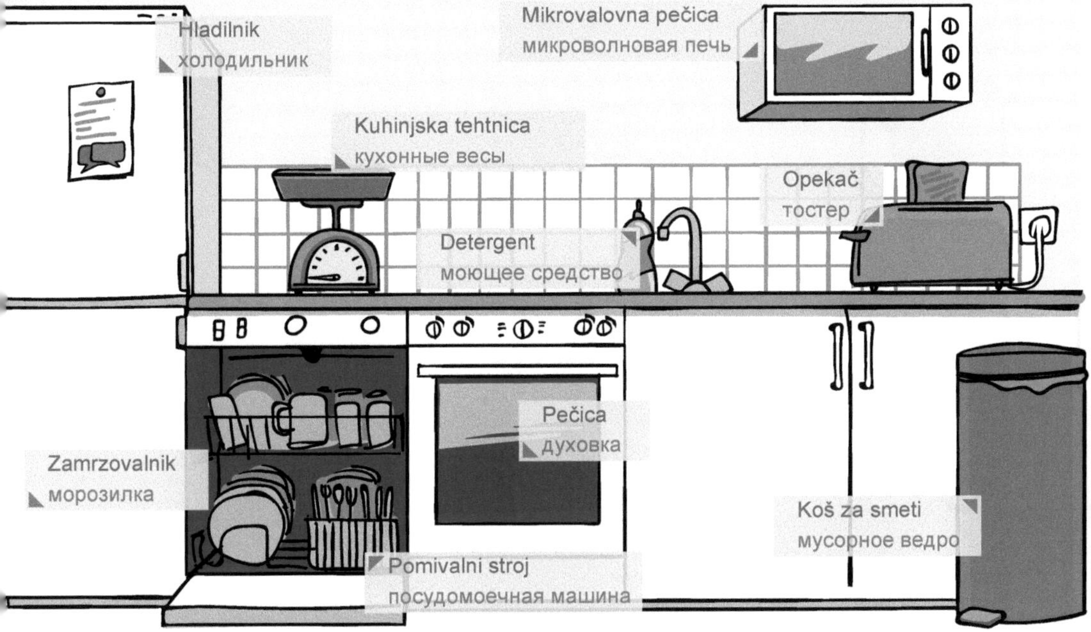

Hladilnik
холодильник

Mikrovalovna pečica
микроволновая печь

Kuhinjska tehtnica
кухонные весы

Opekač
тостер

Detergent
моющее средство

Pečica
духовка

Zamrzovalnik
морозилка

Koš za smeti
мусорное ведро

Pomivalni stroj
посудомоечная машина

Kozica
....
плита

Lonec
....
кастрюля

Litoželezni lonec
....
чугунный котелок

Vok / kadai
....
вок / кадай

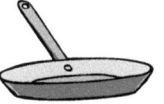

Ponev
....
сковорода

Kotliček
....
чайник

Parni kuhalnik

пароварка

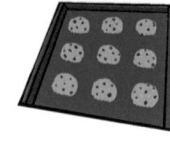

Pekač

противень

Posoda

посуда

Skodelica

кружка

Skleda

миска

Jedilne paličice

палочки для еды

Zajemalka

половник

Lopatica

лопатка

Metlica

сбивалка

Cedilnik

сито

Cedilo

сито

Strgalo

тёрка

Možnar

ступка

Žar

гриль

Ognjišče

костёр

Deska za rezanje

доска

Valjar

скалка

Odpirač za steklenice

штопор

Pločevinka

жестяная банка

Odpirač za konzerve

консервный нож

Prijemalka za posodo

прихватка

Korito

раковина

Ščetka

щетка

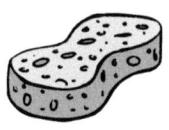

Goba

губка

Mešalnik

миксер

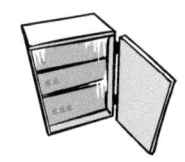

Zamrzovalna skrinja

морозильная камера

Steklenička

бутылочка для кормления

Pipa

кран

Kopalnica

ванная комната

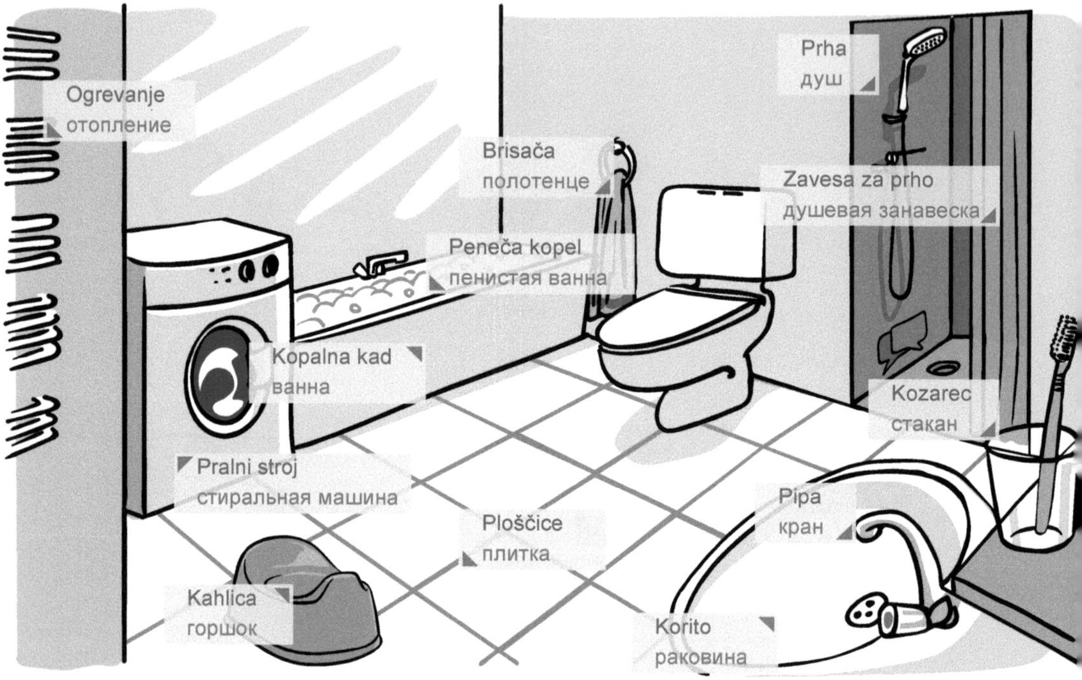

Ogrevanje
отопление
Brisača
полотенце
Prha
душ
Zavesa za prho
душевая занавеска
Peneča kopel
пенистая ванна
Kopalna kad
ванна
Kozarec
стакан
Pralni stroj
стиральная машина
Pipa
кран
Ploščice
плитка
Kahlica
горшок
Korito
раковина

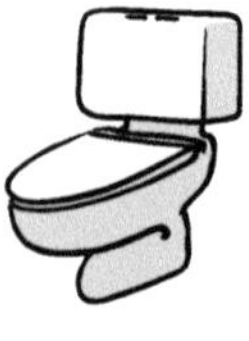

Stranišče
....
туалет

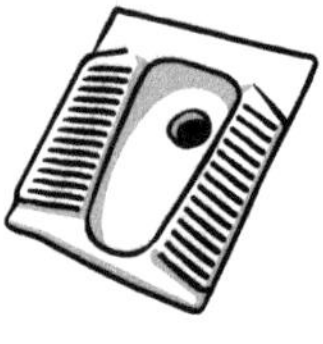

Stranišče na počep
....
напольный унитаз

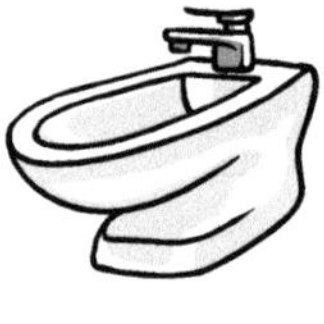

Bide
....
биде

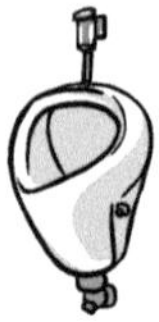

Pisoar
....
писсуар

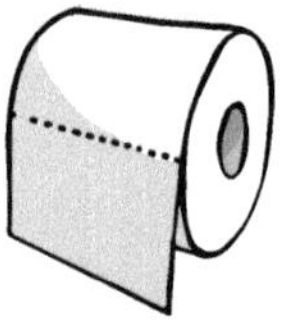

Toaletni papir
....
туалетная бумага

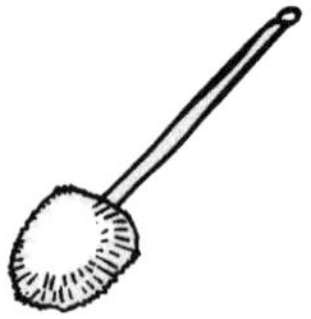

Ščetka za straniščno školjko
....
ершик

Zobna ščetka

зубная щетка

Zobna pasta

зубная паста

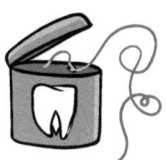

Zobna nitka

зубная нить

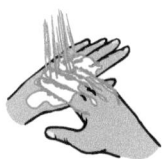

Umiti se

мыть

Ročna prha

ручной душ

Prha za intimne dele

интимный душ

Umivalnik

таз

Krtača za hrbet

щетка для спины

Milo

мыло

Gel za prhanje

гель для душа

Šampon

шампунь

Krpica za miljenje

мочалка

Odtok

сток

Krema

крем

Deodorant

дезодорант

Ogledalo

зеркало

Ročno ogledalo

ручное зеркало

Britvica

бритва

Pena za britje

пена для бритья

Vodica po britju

лосьон после бритья

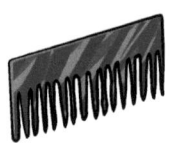

Glavnik

расческа

Ščetka

щетка

Sušilnik za lase

фен

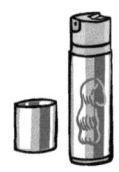

Lak za lase

лак для волос

Ličila

косметика

Šminka

губная помада

Lak za nohte

лак для ногтей

Vatirane blazinice

вата

Škarjice za nohte

маникюрные ножницы

Parfum

духи

Toaletna torbica

косметичка

Stol brez naslonjala

табуретка

Osebna tehtnica

весы

Kopalni plašč

халат

Gumijaste rokavice

резиновые перчатки

Tampon

тампон

Damski vložki

гигиеническая прокладка

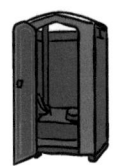

Kemično stranišče

биотуалет

Otroška soba

детская комната

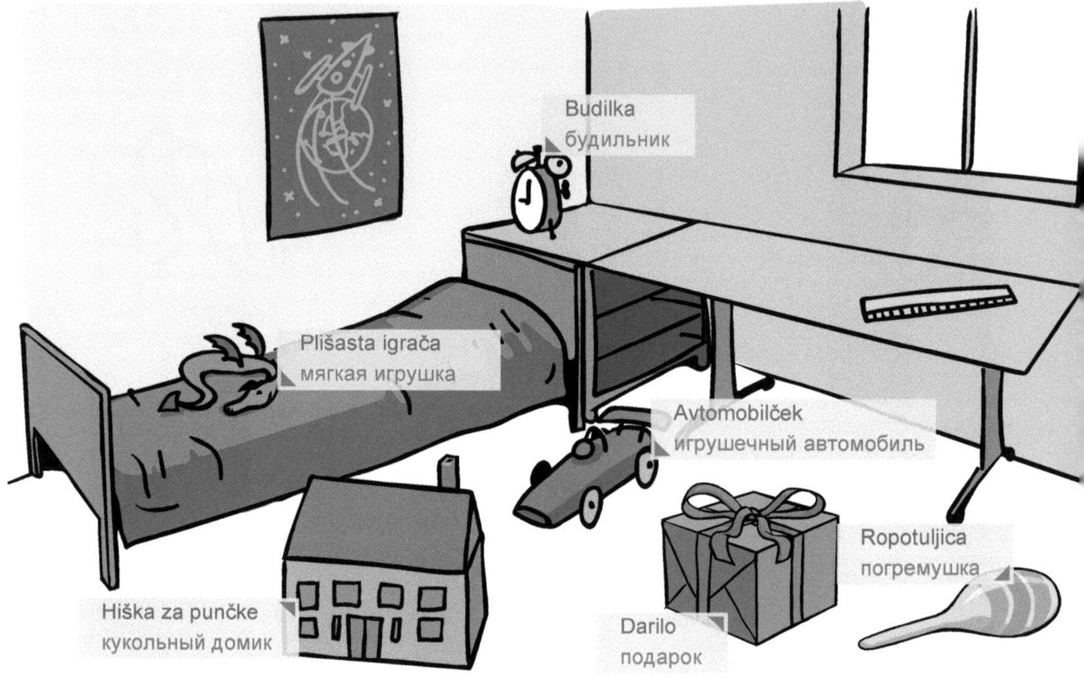

Budilka
будильник
Plišasta igrača
мягкая игрушка
Avtomobilček
игрушечный автомобиль
Ropotuljica
погремушка
Hiška za punčke
кукольный домик
Darilo
подарок

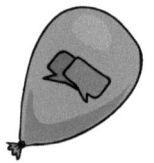

Balon
....
воздушный шар

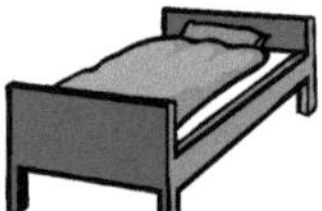

Postelja
....
кровать

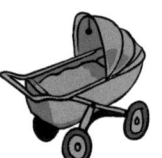

Otroški voziček
....
детская коляска

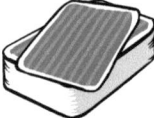

Igralne karte
....
карточная игра

Sestavljanka
....
пазл

SUPER MEGA

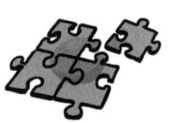

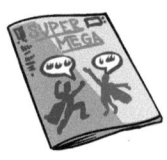

Strip
....
комикс

Lego kocke

кирпичики Лего

Igralne kocke

кубики

Akcijska figura

игрушечная фигурка

Bodi

ползунки

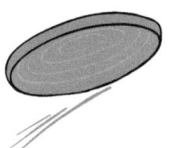

Frizbi

фрисби

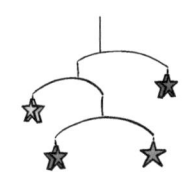

Vrtiljak za posteljico

мобиле

Namizna igra

настольная игра

Kocka

кубик

Komplet modelov vlakov

модель железной дороги

Duda

соска

Zabava

вечеринка

Slikanica

книга с картинками

Žoga

мяч

Lutka

кукла

Igrati se

играть

Peskovnik

песочница

Gugalnica

качели

Igrače

игрушка

Igralna konzola

игровая приставка

Tricikel

трёхколесный велосипед

Plišasti medvedek

плюшевый медвежонок

Garderoba

шкаф для одежды

Oblačilo

одежда

Nogavice

носки

Samostoječe nogavice

чулки

Hlačne nogavice

колготки

Šal
шарф

Dežnik
зонтик

Pas
ремень

Majica s kratkimi rokavi
футболка

Športni copati
кроссовки

Škornji
сапоги

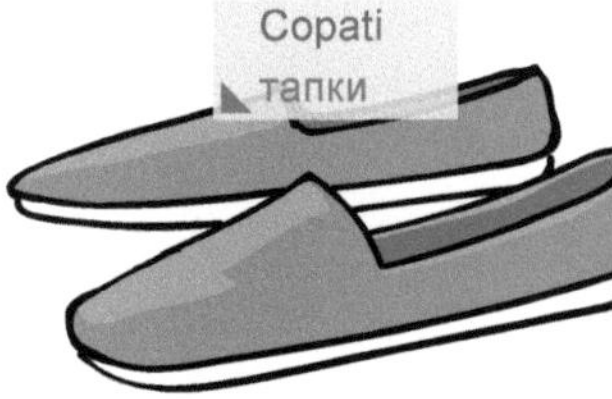

Copati
тапки

Sandali
....
сандалии

Čevlji
....
ботинки

Gumijasti škornji
....
резиновые сапоги

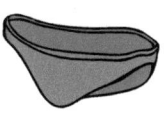

Spodnje hlače
....
трусы

Modrček
....
бюстгальтер

Telovnik
....
майка

Bodi

боди

Hlače

брюки

Kavbojke

джинсы

Krilo

юбка

Bluza

блузка

Srajca

рубашка

Pulover

свитер

Pletena jopica

свитер

Jopa

спортивная куртка

Jakna

жакет

Plašč

пальто

Dežni plašč

плащ

Kostim

костюм

Obleka

платье

Poročna obleka

свадебное платье

Obleka

мужской костюм

Spalna srajca

ночная сорочка

Pižama

пижама

Sari

сари

Naglavna ruta

платок

Turban

тюрбан

Burka

паранджа

Kaftan

кафтан

Abaja

абайя

Kopalke

купальник

Kopalne hlače

плавки

Kratke hlače

шорты

Trenirka

спортивный костюм

Predpasnik

фартук

Rokavice

перчатки

Gumb

пуговица

Očala

очки

Zapestnica

браслет

Verižica

цепочка

Prstan

кольцо

Uhan

серьга

Kapa

шапка

Obešalnik

вешалка

Klobuk

шляпа

Kravata

галстук

Zadrga

застежка молния

Čelada

шлем

Naramnice

подтяжки

Šolska uniforma

школьная форма

Uniforma

форма

Slinček

детский нагрудник

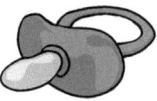

Duda

соска

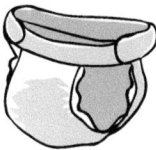

Plenica

подгузник

Pisarna
офис

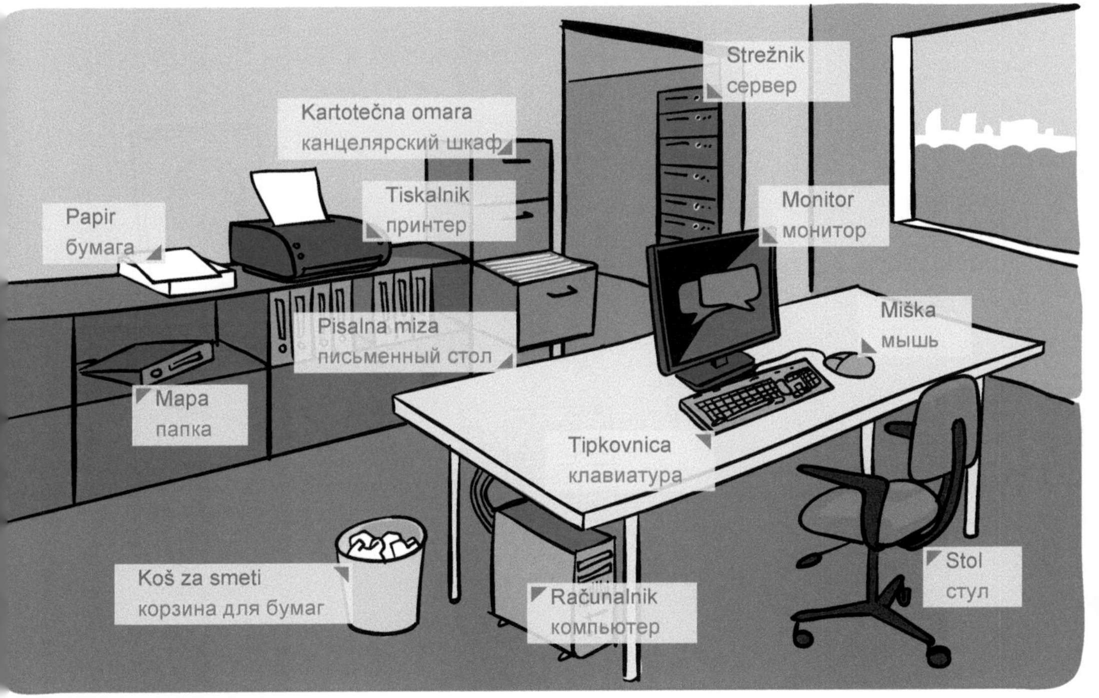

Strežnik
сервер

Kartotečna omara
канцелярский шкаф

Tiskalnik
принтер

Monitor
монитор

Papir
бумага

Pisalna miza
письменный стол

Miška
мышь

Mapa
папка

Tipkovnica
клавиатура

Stol
стул

Koš za smeti
корзина для бумаг

Računalnik
компьютер

Lonček za kavo

кофейная кружка

Kalkulator

калькулятор

Internet

интернет

Prenosnik

ноутбук

Pismo

письмо

Sporočilo

сообщение

Mobilnik

мобильный телефон

Omrežje

сеть

Kopirni stroj

ксерокс

Programska oprema

программа

Telefon

телефон

Vtičnica

розетка

Telefaks

факс

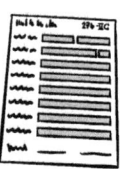

Obrazec

формуляр

Dokument

документ

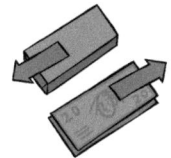

Kupiti

покупать

Plačati

платить

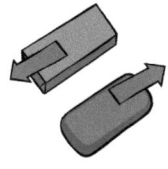

Trgovati

торговать

Denar

деньги

USD

Dolar

доллар

EUR

Evro

евро

JPY

Jen

иена

RUB

Rubelj

рубль

CHF

Švičarski frank

франк

CNY

Kitajski juan renminbi

жэньминьби юань

INR

Rupija

рупия

Bankomat

банкомат

Menjalnica

пункт обмена валюты

Zlato

золото

Srebro

серебро

Nafta

нефть

Energija

энергия

Cena

цена

Pogodba

договор

Davek

налог

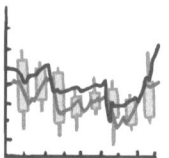

Delnice

акция

Delati

работать

Delojemalec

служащий

Delodajalec

работодатель

Tovarna

фабрика

Trgovina

магазин

Poklici

профессии

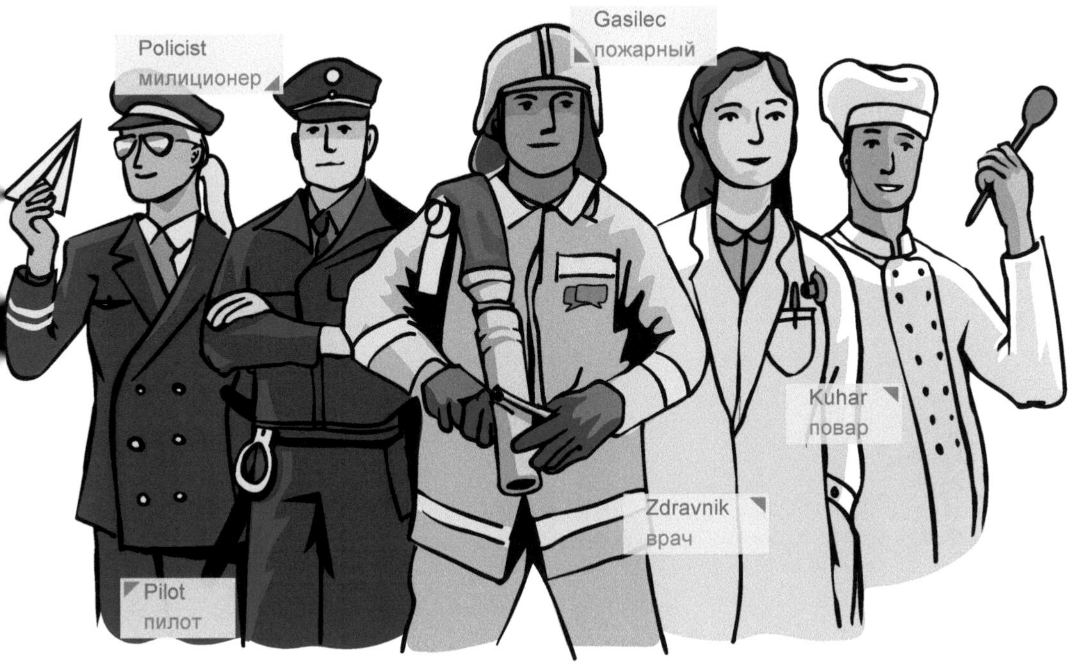
Policist
милиционер
Gasilec
пожарный
Kuhar
повар
Zdravnik
врач
Pilot
пилот

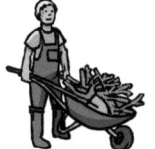

Vrtnar

садовник

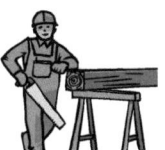

Mizar

столяр

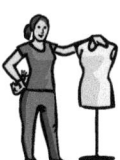

Šivilja

швея

Sodnik

судья

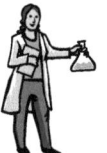

Kemik

химик

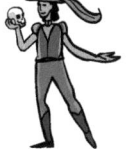

Igralec

актёр

Voznik avtobusa

водитель автобуса

Taksist

таксист

Ribič

рыбак

Čistilka

уборщица

Krovec

кровельщик

Natakar

официант

Lovec

охотник

Pleskar

художник

Pek

пекарь

Električar

электрик

Gradbenik

строитель

Inženir

инженер

Mesar

мясник

Vodovodni inštalater

сантехник

Poštar

почтальон

Vojak

солдат

Arhitekt

архитектор

Blagajnik

кассир

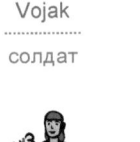

Cvetličar

флорист

Frizer

парикмахер

Sprevodnik

кондуктор

Mehanik

механик

Kapitan

капитан

Zobozdravnik

зубной врач

Znanstvenik

ученый

Rabin

раввин

Imam

имам

Menih

монах

Duhovnik

священник

Orodje

инструменты

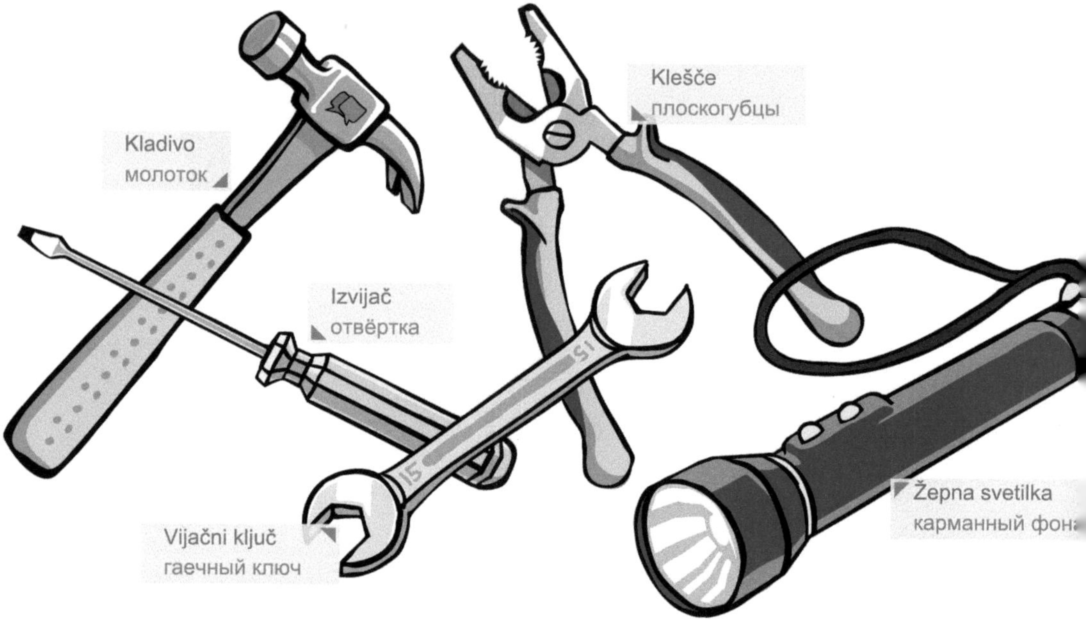
Kladivo
молоток
Klešče
плоскогубцы
Izvijač
отвёртка
Vijačni ključ
гаечный ключ
Žepna svetilka
карманный фон

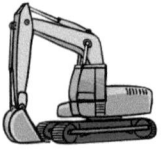

Bager

экскаватор

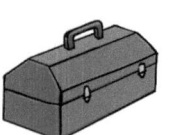

Zaboj z orodjem

ящик для инструментов

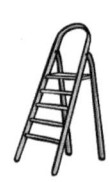

Lestev

стремянка

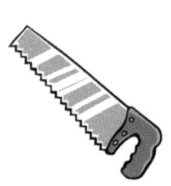

Žaga

пила

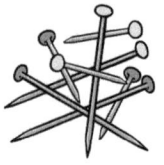

Žeblji

гвозди

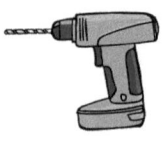

Vrtalnik

дрель

Popraviti

ремонтировать

Lopata

лопата

Šment!

Блин!

Smetišnica

совок

Posoda z barvo

ведро с краской

Vijaki

винты

Glasbeni instrument

музыкальные инструменты

Tolkala
ударный инструмент

Zvočnik
громкоговоритель

Kontrabas
контрабас

Trobenta
труба

Kitara
гитара

Klavir

пианино

Violina

скрипка

Bas kitara

бас-гитара

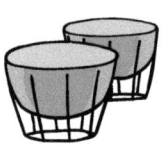

Pavke

литавры

Bobni

барабан

Sintetizator

синтезатор

Saksofon

саксофон

Flavta

флейта

Mikrofon

микрофон

Živalski vrt

зоопарк

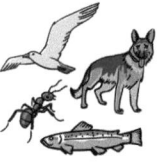

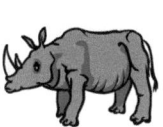

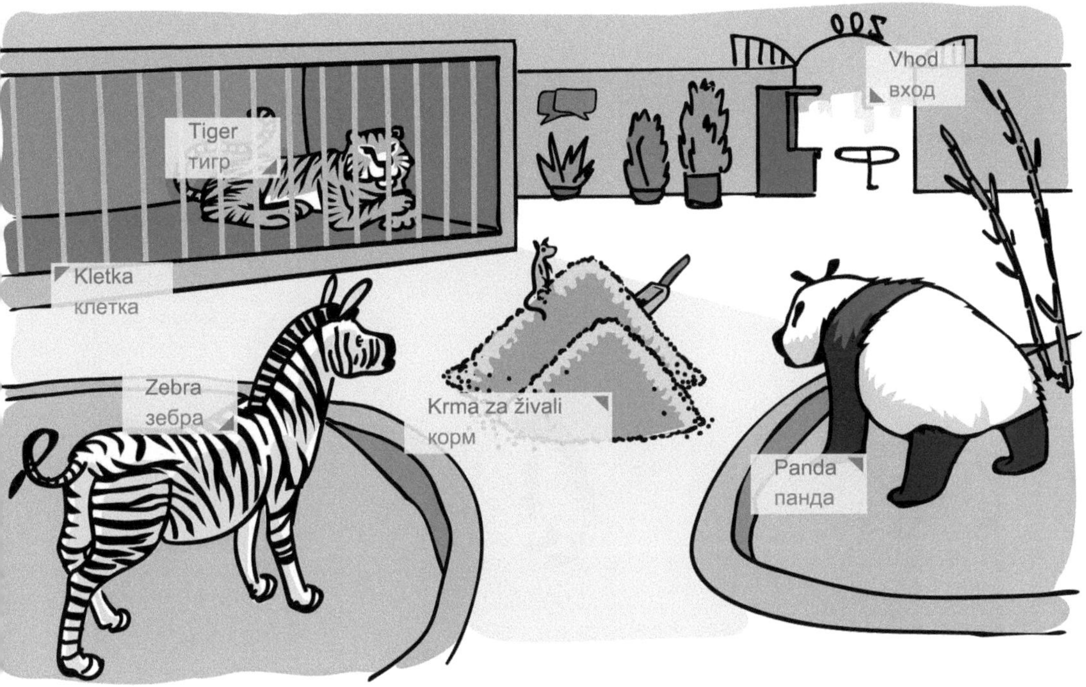
Tiger
тигр
Kletka
клетка
Zebra
зебра
Krma za živali
корм
Panda
панда
Vhod
вход

Živali

животные

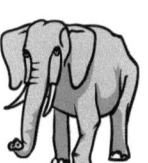

Slon

слон

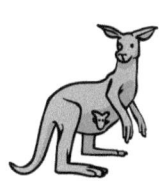

Kenguru

кенгуру

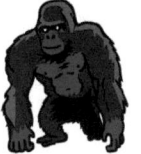

Nosorog

носорог

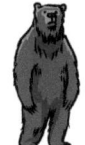

Gorila

горилла

Medved

медведь

Kamela

верблюд

Noj

страус

Lev

лев

Opica

обезьяна

Plamenec

фламинго

Papagaj

попугай

Severni medved

белый медведь

Pingvin

пингвин

Morski pes

акула

Pav

павлин

Kača

змея

Krokodil

крокодил

Oskrbnik v živalskem vrtu

служитель зоопарка

Tjulenj

тюлень

Jaguar

ягуар

Poni

пони

Leopard

леопард

Povodni konj

бегемот

Žirafa

жираф

Orel

орёл

Divji prašič

кабан

Riba

рыба

Želva

черепаха

Mrož

морж

Lisica

лиса

Gazela

газель

Ameriški nogomet
американский футбол

Kolesarjenje
езда на велосипеде

Tenis
теннис

Košarka
баскетбол

Plavanje
плавание

Boks
бокс

Hokej
хоккей

Nogomet
....
футбол

Badminton
....
бадминтон

Atletika
....
лёгкая атлетика

Rokomet
....
гандбол

Smučanje
....
лыжный спорт

Polo
....
поло

Dejavnosti

действия

Smejati se
смеяться
Skočiti
прыгать
Objeti
обнимать
Hoditi
идти
Peti
петь
Sanjati
мечтать
Moliti
молиться
Poljubiti
целовать

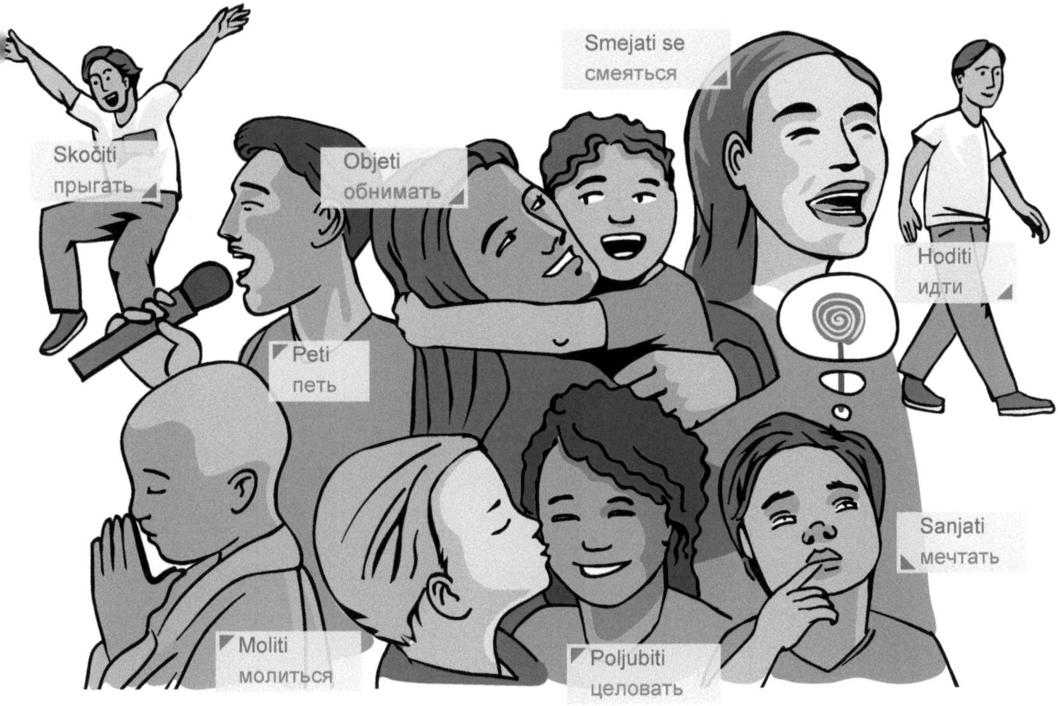

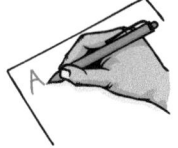

Pisati

писать

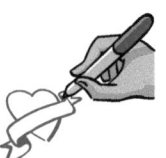

Risati

рисовать

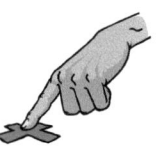

Pokazati

показывать

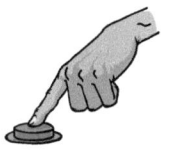

Potisniti

нажимать

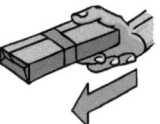

Dati

давать

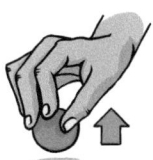

Vzeti

брать

Imeti

иметь

Narediti

делать

Biti

быть

Stati

стоять

Teči

бежать

Vleči

тянуть

Vreči

бросать

Pasti

падать

Ležati

лежать

Čakati

ждать

Nositi

носить

Sedeti

сидеть

Obleči se

надевать

Spati

спать

Zbuditi se

просыпаться

Gledati

рассматривать

Jokati

плакать

Božati

гладить

Česati se

причесывать

Govoriti

говорить

Razumeti

понимать

Vprašati

спрашивать

Poslušati

слушать

Piti

пить

Jesti

кушать

Pospraviti

наводить порядок

Ljubiti

любить

Kuhati

готовить

Voziti

ехать

Leteti

летать

Jadrati

ходить под парусом

Računanje

считать

Brati

читать

Učiti se

учиться

Delati

работать

Poročiti se

вступать в брак

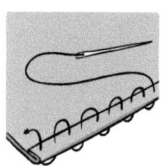

Šivati

шить

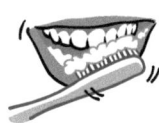

Ščetkati si zobe

чистить зубы

Ubiti

убивать

Kaditi

курить

Poslati

отправлять

Družina

семья

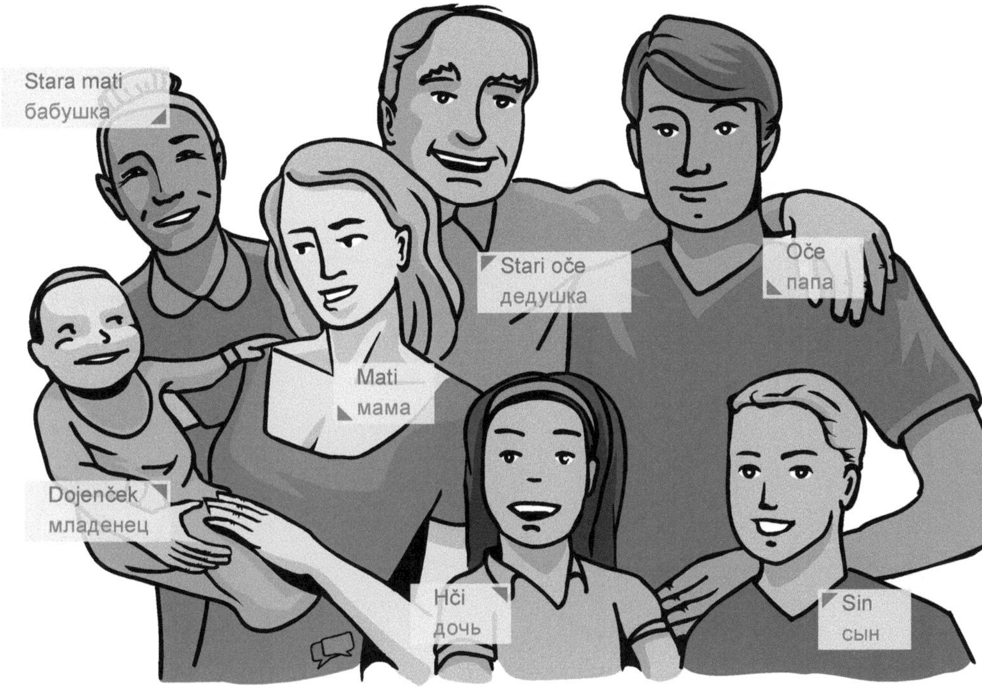

Stara mati
бабушка
Stari oče
дедушка
Oče
папа
Mati
мама
Dojenček
младенец
Hči
дочь
Sin
сын

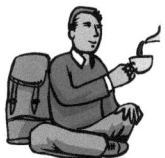

Gost
гость

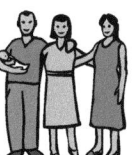

Teta
тетя

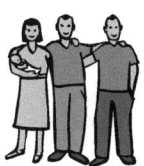

Stric
дядя

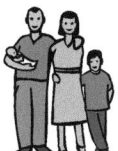

Brat
брат

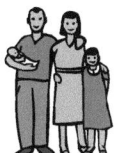

Sestra
сестра

Telo

тело

Čelo
лоб
Oko
глаз
Rama
плечо
Prst
палец
Obraz
лицо
Brada
подбородок
Dlan
кисть
Noga
нога
Prsi
грудь
Roka
рука

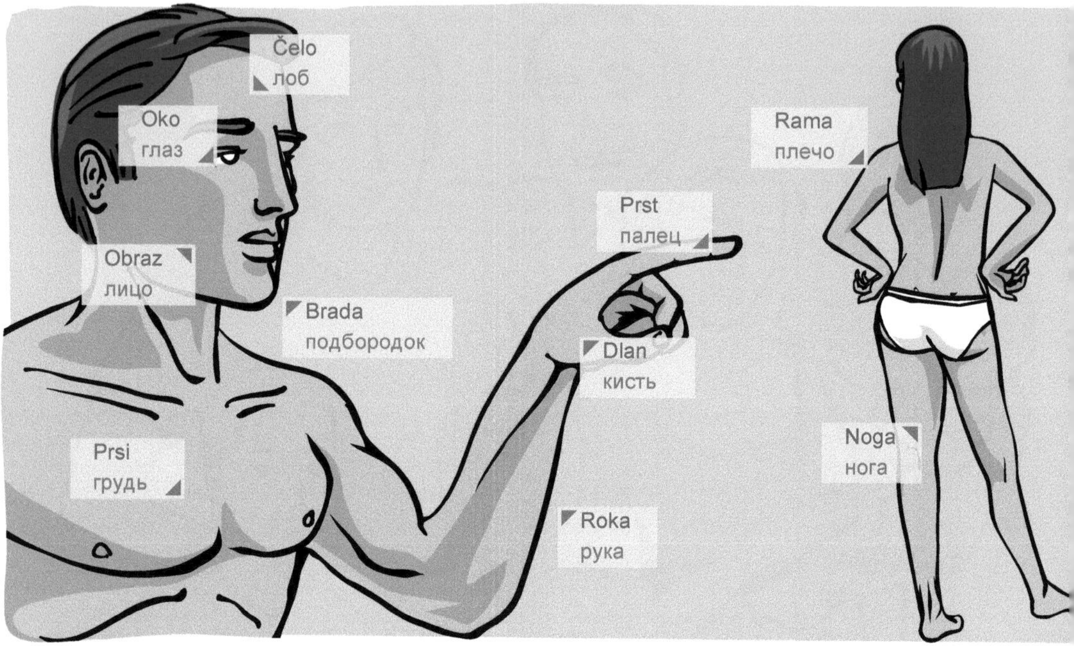

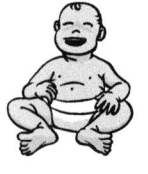

Dojenček

младенец

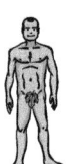

Človek

мужчина

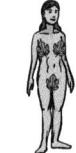

Ženska

женщина

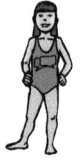

Dekle

девочка

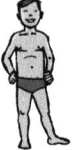

Fant

мальчик

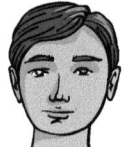

Glava

голова

Hrbet

спина

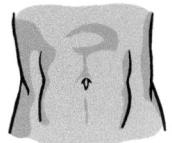

Trebuh

живот

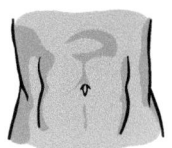

Popek

пупок

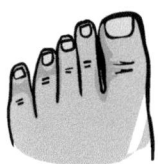

Prst na nogi

палец ноги

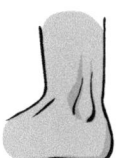

Peta

пятка

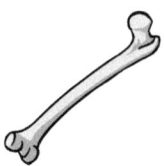

Kost

кость

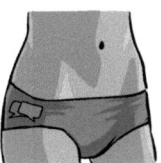

Kolk

бедро

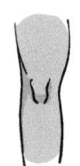

Koleno

колено

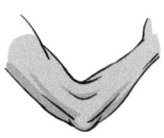

Komolec

локоть

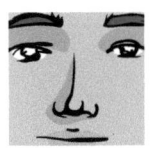

Nos

нос

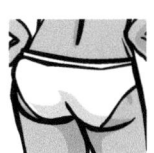

Zadnjica

ягодицы

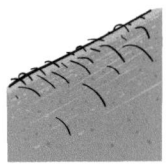

Koža

кожа

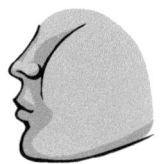

Lice

щека

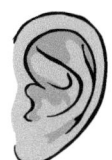

Uho

ухо

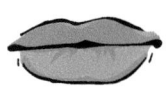

Ustnica

губа

Usta

рот

Zob

зуб

Jezik

язык

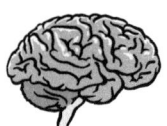

Možgani

мозг

Srce

сердце

Mišica

мышца

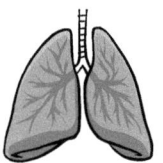

Pljuča

лёгкое

Jetra

печень

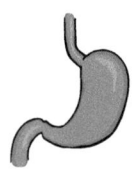

Želodec

желудок

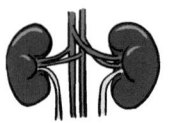

Ledvice

почки

Spolni odnos

половой акт

Kondom

презерватив

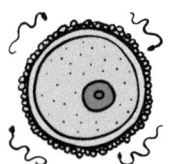

Jajčece

яйцеклетка

Semenska tekočina

сперма

Nosečnost

беременность

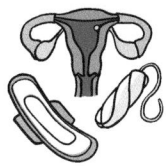

Menstruacija

менструация

Vagina

вагина

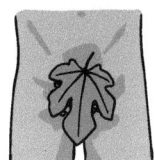

Penis

пенис

Obrv

бровь

Lasje

волосы

Vrat

шея

Bolnišnica
больница

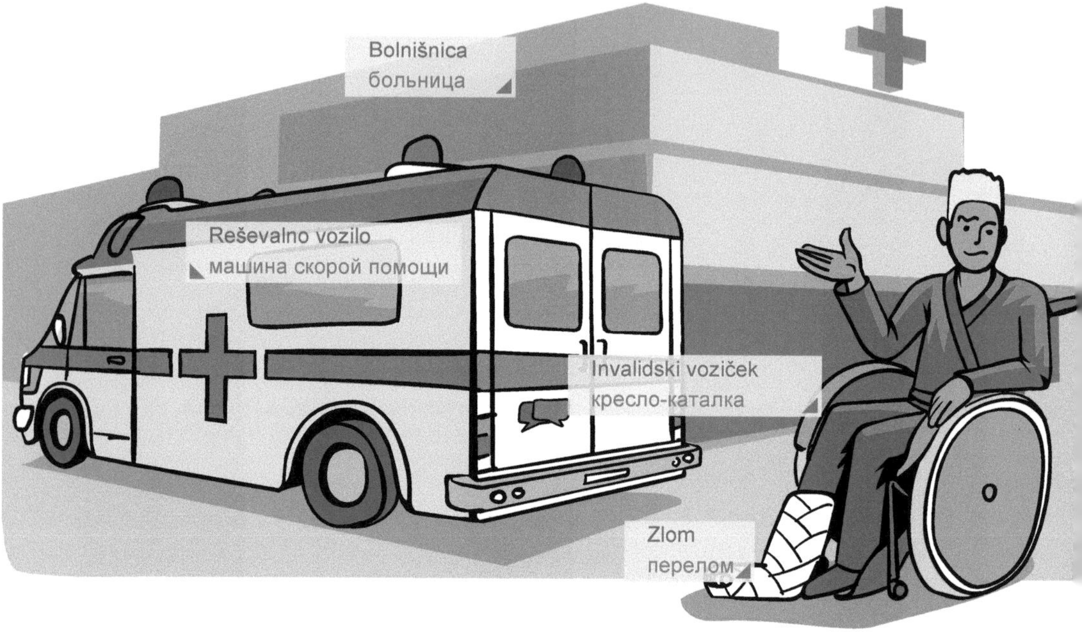

Bolnišnica
больница
Reševalno vozilo
машина скорой помощи
Invalidski voziček
кресло-каталка
Zlom
перелом

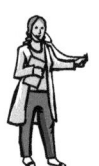

Zdravnik

врач

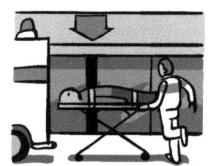

Urgenca

пункт первой помощи

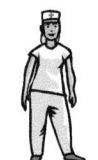

Medicinska sestra

медсестра

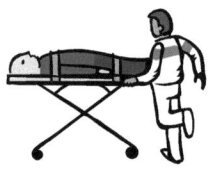

Nujni primer

неотложный случай

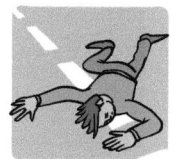

Nezavesten

без сознания

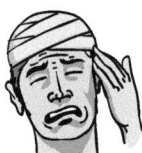

Bolečina

боль

Poškodba

повреждение

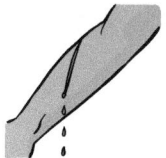

Krvavenje

кровотечение

Srčni infarkt

инфаркт

Kap

инсульт

Alergija

аллергия

Kašelj

кашель

Vročina

повышенная температура

Gripa

грипп

Driska

понос

Glavobol

головная боль

Rak

рак

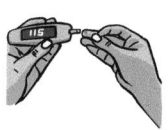

Sladkorna bolezen

диабет

Kirurg

хирург

Skalpel

скальпель

Operacija

операция

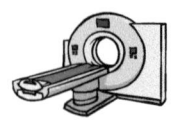

CT
КТ

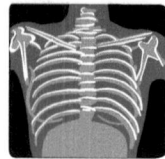

Rentgen
рентген

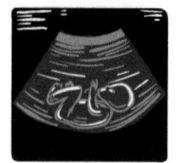

Ultrazvok
ультразвук

Obrazna maska
маска

Bolezen
болезнь

Čakalnica
приёмная

Bergla
костыль

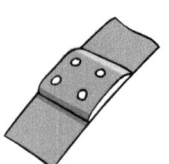

Obliž
пластырь

Preveza
бинт

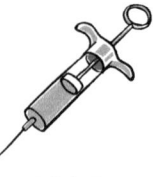

Injekcija
укол

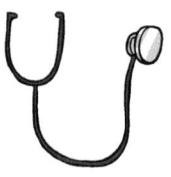

Stetoskop
стетоскоп

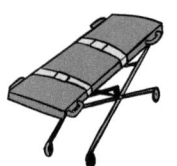

Nosila
носилки

Klinični termometer
термометр

Porod
рождение

Prekomerna teža
избыточный вес

Slušni pripomoček

слуховой аппарат

Razkužilo

дезинфекционное средство

Okužba

инфекция

Virus

вирус

HIV / AIDS

ВИЧ / СПИД

Medicina

лекарство

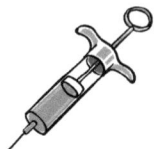

Cepljenje

прививка

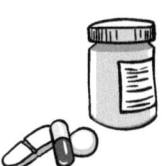

Tablete

таблетки

Tableta

противозачаточная таблетка

Klic v sili

экстренный вызов

Merilnik krvnega tlaka

прибор для измерения кровяного давления

bolano / zdravo

больной / здоровый

Alarm

сигнал тревоги

Napad

нападение

Napad

атака

Nevarnost

опасность

Izhod v sili

запасной выход

Na pomoč!

Помогите!

Gasilni aparat

огнетушитель

Nezgoda

несчастный случай

Gori!

Пожар!

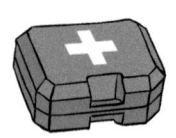

Komplet za prvo pomoč

аптечка

SOS

SOS

Policija

милиция

Evropa

Европа

Severna Amerika

Северная Америка

Južna Amerika

Южная Америка

Afrika

Африка

Azija

Азия

Avstralija

Австралия

Atlantski ocean

Атлантический океан

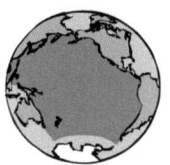

Tihi ocean

Тихий океан

Indijski ocean

Индийский океан

Južni ocean

Антарктический океан

Arktični ocean

Северный Ледовитый океан

Severni tečaj

Северный полюс

Južni tečaj

Южный полюс

Antarktika

Антарктика

Zemlja

земля

Kopno

суша

Morje

море

Otok

остров

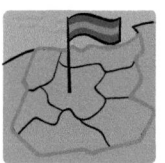

Narod

нация

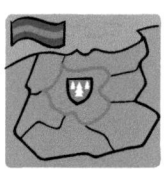

Država

государство

Številčnica

циферблат

Urni kazalec

часовая стрелка

Minutni kazalec

минутная стрелка

Sekundni kazalec

секундная стрелка

Koliko je ura?

Который час?

Dan

день

Čas

время

Zdaj

сейчас

Digitalna ura

электронные часы

Minuta

минута

Ura

час

Ponedeljek / понедельник — MO
Torek / вторник — TU
Sreda / среда — W
Četrtek / четверг — TH
Petek / пятница — FR
Sobota / суббота — SA
Nedelja / воскресенье — SO

Včeraj

вчера

Danes

сегодня

Jutri

завтра

Jutro

утро

Poldne

полдень

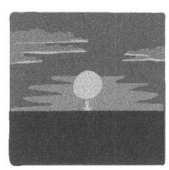

Večer

вечер

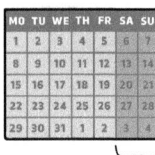

Delovni dnevi

рабочие дни

Konec tedna

выходные

Leto
год

Dež
дождь
Mavrica
радуга
Veter
ветер
Sneg
снег
Pomlad
весна
Jesen
осень
Poletje
лето
Zima
зима

4.APRIL 11°
5.APRIL 4°
6.APRIL 13°
7.APRIL 8°
8.APRIL 10°

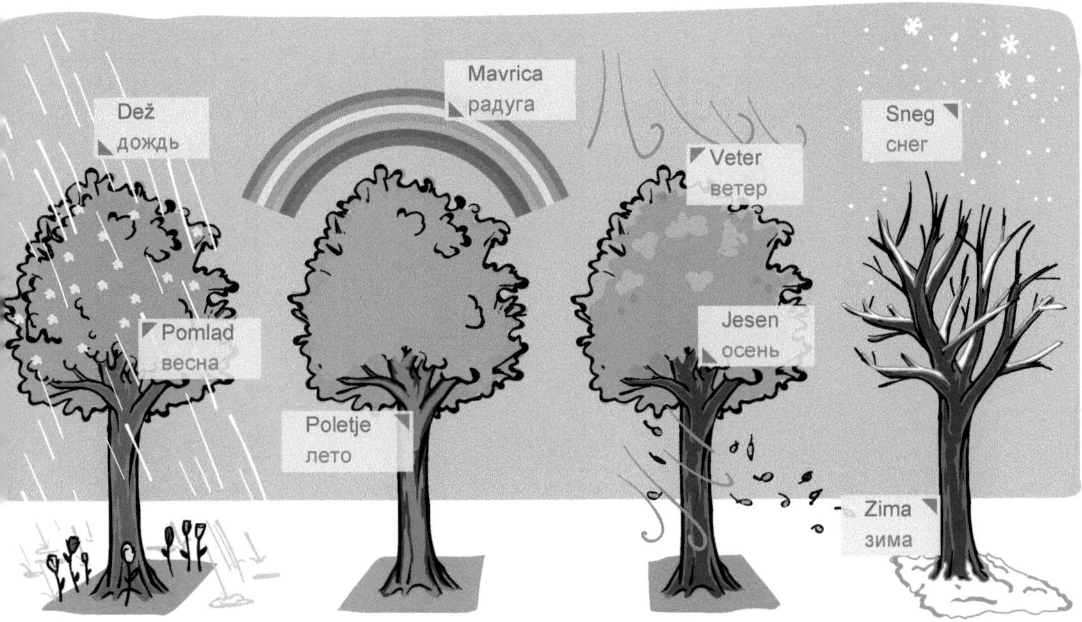

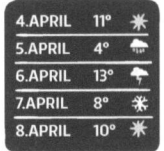

Vremenska napoved

прогноз погоды

F C
120 40
90 30
60 20
30 10
0 0
-30 -10
-20

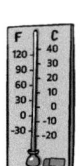

Termometer

термометр

Sončna svetloba

солнечный свет

Oblak

туча

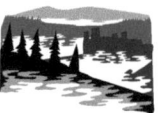

Megla

туман

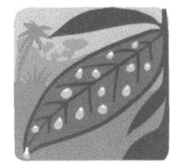

Vlažnost

влажность воздуха

Strela

молния

Grom

гром

Nevihta

буря

Toča

град

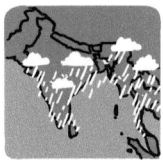

Monsun

муссон

Poplava

наводнение

Led

лёд

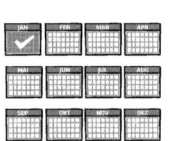

Januar

январь

Februar

февраль

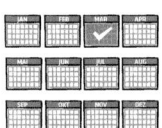

Marec

март

April

апрель

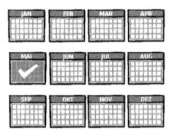

Maj

май

Junij

июнь

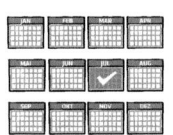

Julij

июль

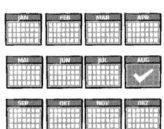

Avgust

август

September
....
сентябрь

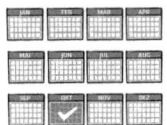

Oktober
....
октябрь

November
....
ноябрь

December
....
декабрь

Krogla
....
круг

Kvadrat
....
квадрат

Pravokotnik
....
прямоугольник

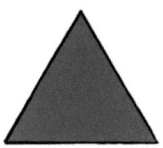

Trikotnik
....
треугольник

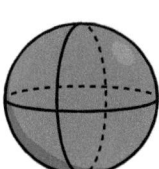

Krogla
....
шар

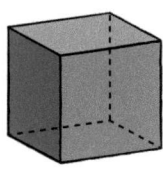

Kocka
....
куб

Barve

цвета

Bela
белый

Rumena
желтый

Oranžna
оранжевый

Rožnata
розовый

Rdeča
красный

Vijolična
лиловый

Modra
синий

Zelena
зелёный

Rjava
коричневый

Siva
серый

Črna
черный

veliko / malo

много / мало

jezno / umirjeno

яростный / мирный

lepo / grdo

красивый / уродливый

začetek / konec

начало / конец

veliko / majhno

большой / маленький

svetlo / temno

светлый / темный

brat / sestra

брат / сестра

čisto / umazano

чистый / грязный

popolno / nepopolno

полный / неполный

dan / noč

день / ночь

mrtvo / živo

мёртвый / живой

široko / ozko

широкий / узкий

užitno / neužitno

съедобный / несъедобный

zlobno / prijazno

злой / дружелюбный

vznemirjeno / zdolgočaseno

взволнованный /
скучающий

debelo / vitko

толстый / худой

prvo / zadnje

сначала / в конце

prijatelj / sovražnik

друг / враг

polno / prazno

полный / пустой

trdo / mehko

твёрдый / мягкий

težko / lahko

тяжёлый / легкий

lakota / žeja

голод / жажда

bolano / zdravo

больной / здоровый

nezakonito / zakonito

незаконный / законный

pametno / neumno

умный / глупый

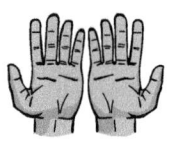

levo / desno

слева / справа

blizu / daleč

близко / далеко

novo / rabljeno

новый / подержанный

nič / nekaj

ничто / нечто

staro / mlado

старый / молодой

vklopljeno / izklopljeno

включено / выключено

odprto / zaprto

открыто / закрыто

tiho / glasno

тихо / громко

bogato / revno

богатый / бедный

prav / narobe

правильный /
неправильный

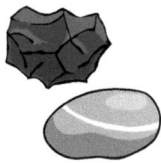

grobo / gladko

шероховатый / гладкий

žalostno / veselo

печальный / счастливый

kratko / dolgo

короткий / длинный

počasi / hitro

медленный / быстрый

mokro / suho

мокрый / сухой

toplo / hladno

тёплый / прохладный

vojna / mir

война / мир

0

Ničla

ноль

1

Ena

один

2

Dva

два

3

Tri

три

4

Štiri

четыре

5

Pet

пять

6

Šest

шесть

7

Sedem

семь

8

Osem

восемь

9

Devet

девять

10

Deset

десять

11

Enajst

одиннадцать

12

Dvanajst

двенадцать

13

Trinajst

тринадцать

14

Štirinajst

четырнадцать

15

Petnajst

пятнадцать

16

Šestnajst

шестнадцать

17

Sedemnajst

семнадцать

18

Osemnajst

восемнадцать

19

Devetnajst

девятнадцать

20

Dvajset

двадцать

100

Sto

сто

1.000

Tisoč

тысяча

1.000.000

Milijon

миллион

Angleščina

английский

Ameriška angleščina

американский английский

Mandarinščina

мандаринский китайский

Hindujščina

хинди

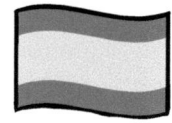

Španščina

испанский

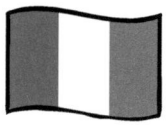

Francoščina

французский

Arabščina

арабский

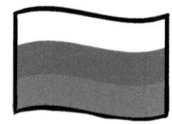

Ruščina

русский

Portugalščina

португальский

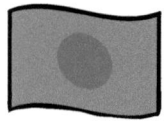

Bengalščina

бенгальский

Nemščina

немецкий

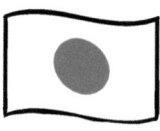

Japonščina

японский

Jaz

я

Ti

ты

On / ona / tisto

он / она / оно

Mi

мы

Vi

вы

Oni

они

Kdo?

кто?

Kaj?

что?

Kako?

как?

Kje?

где?

Kdaj?

когда?

Ime

имя

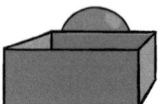

Zadaj

за

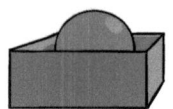

V

в

Pred

перед

Nad

над

Na

на

Pod

под

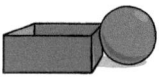

Poleg

рядом

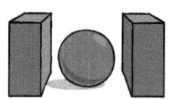

Med

между

Kraj

место